# LA BATAILLE D'AUSTERLITZ

Le génie militaire de Napoléon
face à la troisième coalition

Par Mélanie Mettra
Sous la direction de Thomas Jacquemin

50MINUTES.fr

# LA BATAILLE D'AUSTERLITZ

## INTRODUCTION

Depuis le mois d'avril 1792 et la déclaration de guerre à l'Autriche, la France est en conflit permanent contre l'Europe pendant plus de 20 ans. L'Autriche et la Prusse sont les premières à former une coalition contre la France, peu après la déclaration de guerre de celle-ci, en mai 1792. Face aux provocations impérialistes de Napoléon I<sup>er</sup>, deux autres coalitions succèdent à la première. La troisième regroupe l'Autriche, la Prusse, la Suède, la Grande-Bretagne et la Russie à la fin de l'été 1805.

Renonçant à envahir l'Angleterre, la Grande Armée fait route vers l'Europe de l'Est. Après avoir défait le général autrichien Karl Mack (1752-1828) à Ulm et occupé Vienne, les sept corps d'armée français avancent vers les troupes autrichiennes et russes qui ont effectué leur jonction près d'Olmütz à la fin du mois de novembre 1805.

Dans la nuit du 1er au 2 décembre 1805 se mettent en place sur la plaine d'Austerlitz les armées de l'empereur des Français, Napoléon Ier, de l'empereur du Saint Empire romain germanique, François II, et du tsar de Russie, Alexandre Ier, ce qui vaut à la bataille le nom de « bataille des trois empereurs ». Au matin du 2 décembre, jour anniversaire du sacre de Napoléon Ier, la brume n'a pas encore laissé place au soleil sur la plaine d'Austerlitz lorsque débute le combat.

# DONNÉES-CLÉS

- **Quand ?** Le 2 décembre 1805
- **Où ?** À Austerlitz (entre Slavov et Brno, République tchèque)
- **Contexte ?** Les guerres napoléoniennes et la troisième coalition européenne
- **Belligérants ?** La France contre la troisième coalition, formée principalement par la Russie, l'Autriche (le Saint Empire romain germanique) et l'Angleterre
- **Acteurs principaux ?**
  - Napoléon I$^{er}$, empereur des Français (1769-1821)
  - Alexandre I$^{er}$, tsar de Russie (1777-1825)
  - Mikhaïl Koutouzov, maréchal russe (1745-1813)
  - François II, empereur du Saint Empire romain germanique (1768-1835)
- **Issue ?** Victoire française
- **Victimes ?**
  - Camp français : entre 1 300 et 1 500 morts et près de 7 000 blessés
  - Camp austro-russe : environ 2 600 morts et plus de 11 000 prisonniers

# CONTEXTE POLITIQUE ET SOCIAL

## UNE EUROPE COALISÉE

La menace que fait peser la Révolution française (1789) sur la monarchie soulève rapidement l'inquiétude des cours européennes, celle d'Autriche tout particulièrement – Marie-Antoinette (reine de France, 1755-1793) étant une princesse autrichienne, sœur de l'empereur Léopold II (1747-1792) puis tante de l'empereur François II.

Dans le but de protéger la Révolution et de la porter aux peuples étrangers opprimés, l'Assemblée législative de France déclare, en avril 1792, la guerre à l'Autriche et à la Prusse. Un mois plus tard, les deux États menacés décident de s'allier et sont rapidement rejoints par les Provinces-Unies (la Hollande), l'Angleterre, l'Espagne, le Portugal, la Sardaigne, le royaume des Deux-Siciles et les États pontificaux. Mais les victoires françaises, qui permettent aux troupes de la République d'envahir les Pays-Bas autrichiens (territoires de la Belgique actuelle) et les Provinces-Unies, mettent un terme à cette première alliance. La Prusse s'en retire la première (traité de Bâle, 5 avril 1795), suivie par les Provinces-Unies (traité de La Haye, 16 mai 1795) et par l'Espagne (traité de Bâle, 22 juillet 1795). Restée en lice, l'Autriche essuie les revers de la campagne d'Italie menée par le général Napoléon Bonaparte et signe le traité de Campoformio (18 octobre 1797). La France repousse ses frontières en Belgique, au-delà du Rhin, et installe des Républiques sœurs en Italie.

L'Angleterre prépare quant à elle une nouvelle alliance. En effet, elle craint tout particuliè-rement la contagion révolutionnaire au sein de son importante population ouvrière, que le gouvernement de William Pitt (Premier ministre britannique, 1759-1806) réprime d'ailleurs sévèrement. Dès septembre 1798, elle s'allie à la puissante Russie, rapidement rejointes par l'Autriche et l'Empire ottoman. Cette deuxième coalition commence sous de meilleurs auspices que la première et parvient à reprendre possession des territoires français en Italie. Mais ses espoirs sont vite déçus, notamment avec le retour de Napoléon Bonaparte de la campagne d'Égypte. Après avoir franchi le col du Grand-Saint-Bernard avec ses troupes lors d'un épisode devenu célèbre (mai 1800), le général français reconquiert l'Italie. L'Autriche signe sa capitulation avec le traité de Lunéville (9 février 1801), la Russie se retire également par le traité de Paris (8 octobre 1801) et l'Angleterre, affaiblie, signe le traité d'Amiens le 25 mars 1802.

Mais cette paix fragile est rompue à peine un an plus tard par un Napoléon Ier qui poursuit ses visées expansionnistes et une Angleterre peu encline à la respecter. William Pitt, après un premier mandat déjà marqué par son hostilité envers la France, est revenu au pouvoir en 1804 et ne tarde pas à relancer l'idée d'une alliance européenne contre l'empereur des Français. En effet, si l'Angleterre mène des campagnes décisives sur mer et s'empare de nombreuses colonies françaises, elle est moins efficace sur le continent et a besoin d'alliés continentaux pour protéger son territoire, tant convoité par Napoléon Ier. Aussi est organisée à la fin du printemps 1805 une troisième coalition, réunissant l'Angleterre, la Russie, l'Autriche, tout comme

Naples, et la Suède. Durant l'été 1805, la Grande Armée de Napoléon I<sup>er</sup> est stationnée près de Boulogne-sur-Mer, prête à conquérir le territoire britannique.

## LA GRANDE ARMÉE

Le surnom de « Grande Armée » donné aux troupes napoléoniennes vient du bulletin du même nom publié entre 1796 et 1815. Récits au jour le jour et sur le vif des campagnes napoléoniennes, rédigés ou dictés par l'Empereur lui-même ou par l'un des membres de son état-major, le *Bulletin de la Grande Armée* est à la fois un outil d'analyse des batailles, mais aussi un ouvrage de propagande. L'armée napoléonienne prend ce surnom à partir de 1805, lorsque sont reconstituées à Boulogne-sur-Mer les armées des côtes de l'Ouest qui ont servi pendant les guerres de Vendée (1793-1796) et qui représentent près de la moitié de l'armée française (environ 240 000 hommes).

L'armée napoléonienne est d'abord une armée de conscription : près des deux tiers des soldats en sont issus. Alors que pendant les premières années de la Révolution, la levée de troupes était basée sur le volontariat, depuis la loi Jourdan-

Delbrel (5 septembre 1798), tous les hommes âgés de 20 ans sont inscrits sur des listes de recrutement et y restent durant cinq ans. Pendant cette période, ils peuvent être appelés à tout moment au service de la nation. Beaucoup de jeunes appelés se font cependant remplacer ou ne se présentent tout simplement pas. Il faut attendre 1806 pour que la conscription soit mieux respectée, en particulier grâce à des mesures répressives plus efficaces.

Aux côtés des Français sont également recrutées, par divers moyens, des troupes étrangères. Prisonniers, volontaires ressortissants de territoires annexés ou alliés, ou encore recrues fournies suite à un accord, ils représentent un peu plus de 15 % des effectifs de la Grande Armée en 1805. Ils constituent d'abord des troupes de soutien sur les champs de bataille ou de maintien de l'ordre après les hostilités, avant d'être placés en première ligne, particulièrement lors de la campagne de Russie (1812).

Les différents corps (infanterie, cavalerie et artillerie) sont suivis par un important dispositif : le génie, composé d'ingénieurs et d'ouvriers qui assurent le soutien logistique, l'intendance qui assure le ravitaillement des troupes en nourriture et en fournitures et le service de santé.

d'« ambulances volantes », portant secours aux soldats sans distinction de nationalité.

La Grande Armée cantonnée à Boulogne-sur-Mer en août 1805 compte sept corps, commandés respectivement par les généraux Jean-Baptiste Bernadotte (maréchal de France, 1763-1844), Auguste Frédéric Viesse de Marmont (maréchal de France, 1774-1852), Louis Nicolas Davout (maréchal de France, 1770-1823), Jean de Dieu Soult (maréchal de France, 1769-1851), Jean Lannes (maréchal de France, 1769-1809), Michel Ney (maréchal de France, 1769-1815) et Pierre Augereau (maréchal de France, 1757-1816). Ceux-ci sont épaulés par la garde impériale, sous l'autorité des généraux Édouard Adolphe Mortier (1768-1835) et Joachim Murat (1767-1815). Chargée d'assurer la sécurité de l'Empereur, la garde impériale est une armée d'élite, composée des soldats les plus brillants recrutés dans les autres corps d'armée. En 1805, elle compte un peu plus de 10 000 hommes : grenadiers, cavaliers, artilleurs, mais aussi marins et mamelouks (soldats d'élite ottomans). À partir de 1809, la Garde sera divisée en deux classes :

- la Jeune Garde, formée par les jeunes appelés ;
- et la Vieille Garde, corps prestigieux réservé aux soldats ayant fait quatre campagnes ou s'étant distingués lors des combats. Ces derniers sont surnommés les « grognards », à cause de leurs plaintes incessantes sur leurs conditions de vie.

Modèle de pugnacité et d'efficacité pour le reste des armées napoléoniennes, la garde impériale s'illustre dans toutes les grandes batailles, et tout particulièrement à Austerlitz.

## LA CAMPAGNE D'AUTRICHE

Austerlitz est la principale bataille de la campagne d'Autriche, qui débute à la mi-août 1805. Depuis plusieurs mois, Napoléon Ier a pour projet d'envahir l'Angleterre. Pour ce faire, il attire la flotte britannique dans les Caraïbes et en Espagne afin de la détourner de la Manche, reconstitue à Boulogne-sur-Mer l'armée des côtes de l'Ouest, et lance la construction de bateaux à fond plat destinés à traverser la Manche.

De son côté, l'Angleterre doit augmenter ses forces défensives, ce qui est rendu possible grâce aux 380 000 hommes qui se portent volontaires pour défendre leur pays contre les Français. Dans le même temps, l'Autriche rejoint l'alliance conclue par l'Angleterre et la Russie. L'armée autrichienne du général Karl Mack pénètre aussitôt en Bavière et dans les grands-duchés de Bade et du Wurtemberg, territoires alliés de l'Empire français. Les troupes russes du général Mikhaïl Koutouzov se regroupent quant à elles à Vienne.

Depuis la bataille du cap Finisterre (22 juillet 1805), la flotte française est bloquée dans le port de Cadix (Espagne), et Napoléon Ier doit faire face aux tergiversations de l'amiral Pierre Charles de Villeneuve (1763-1806). Son projet d'invasion de l'Angleterre compromis, il lance sa Grande Armée vers le Rhin le 29 août 1805. La cavalerie de la Garde, commandée par Joachim Murat, franchit le Rhin la première, moins d'une semaine après le départ de Boulogne, et est rejointe en moins d'un mois par le reste de l'armée. Les troupes françaises remportent plusieurs batailles contre les Autrichiens, forçant le général Karl Mack à se replier sur Ulm. Assiégée dès le 15 octobre 1805, la ville capitule cinq jours plus tard. Cette victoire française est décisive : elle met à mal l'essentiel des forces autrichiennes et porte un coup au moral de l'état-major russe, qui préfère se replier.

Afin de protéger ses flancs et d'assurer sa route vers Vienne, Napoléon Ier divise la Grande Armée en colonnes chargées de ralentir la progression et le regroupement des troupes adverses : tandis que Joachim Murat poursuit Mikhaïl Koutouzov et Petr Ivanovitch Bagration (général russe, 1765-1812) en pleine retraite, André Masséna (maréchal français, 1758-1817) poursuit celles de l'archiduc Charles-Louis d'Autriche (1771-1847), frère de l'empereur François II, au Nord de l'Italie. Michel Ney et Jean-Baptiste Bernadotte gagnent quant à eux le Tyrol pour contrer celles de l'archiduc Jean-Baptiste d'Autriche (1782-1859). Les armées austro-russes ne parvenant pas à réaliser leur rassemblement, Vienne est prise sans combat et Napoléon Ier s'y installe le 14 novembre. Le 19 novembre, l'armée de Mikhaïl Koutouzov est à Olmütz, où elle effectue enfin sa jonction avec des renforts russes et les troupes autrichiennes du prince Jean Ier de Liechtenstein (1760-1836). Le 21 novembre, Napoléon Ier arrive près de Brünn (aujourd'hui Brno). Face à lui s'étendent les 150 km² de la plaine d'Austerlitz, bordée d'étangs gelés, et le plateau de Pratzen.

quitter la ville afin de ne pas tomber entre
les mains des Français.

# ACTEURS PRINCIPAUX

## NAPOLÉON I<sup>ER</sup>, EMPEREUR DES FRANÇAIS

### Les débuts dans la carrière militaire

Napoléon Bonaparte naît à Ajaccio, le 15 août 1769. Il est le deuxième enfant de Maria Letizia Ramolino (1750-1836) et de Charles Bonaparte (1746-1785). Faisant partie d'une fratrie de huit enfants, il leur offrira à chacun un royaume une fois empereur. Issu de la vieille noblesse italienne appauvrie, né dans une île autrefois génoise qui vient tout juste de passer dans le giron français, Napoléon Bonaparte part très tôt sur le continent. Boursier, il étudie d'abord au collège d'Autun avant d'intégrer l'école militaire de Brienne, puis celle de Paris. Élève réservé, il lie peu d'amitiés, mais connaît une scolarité remarquable, appréciant les mathématiques, mais aussi la lecture des philosophes et la littérature française.

Il entre dans l'artillerie en 1785 et y demeure jusqu'en 1791. Durant cette période, il participe à la révolution menée en Corse par Pascal Paoli (homme politique corse, 1725-1807), avant de prendre part aux premières épreuves de force révolutionnaires : la répression des fédéralistes à Marseille et la reprise de Toulon (19 décembre 1793), qui lui vaut le grade de général.

En politique, il tâche de s'allier avec les mouvements influents du moment. Ses liens avec les Jacobins lui valent toutefois quelques déboires après la chute de Maximilien de Robespierre (homme politique français, 1758-1794). Après avoir été emprisonné quelques mois, son amitié avec les nouveaux dirigeants en place, comme Paul Barras (homme politique français, 1755-1829) ou Jean-Lambert Tallien (homme politique français, 1767-1820), lui permet d'entrer au bureau topographique, où il prépare, avec Lazare Nicolas Marguerite Carnot (homme politique et scientifique français, 1753-1823), les plans de la future campagne d'Italie. Il est chargé par Paul Barras, alors président de la Convention, de réprimer l'insurrection royaliste du 13 vendémiaire (5 octobre 1795).

En mars 1796, il épouse civilement Marie Josèphe Rose Tascher de La Pagerie, dite « Joséphine » (1763-1814), et, quelques jours plus tard, il reçoit le commandement des armées d'Italie. Malgré l'infériorité numérique des troupes françaises, Napoléon Bonaparte mène une campagne foudroyante, accumulant les victoires.

La popularité de Napoléon Bonaparte lui laisse entrevoir une carrière politique d'importance. Mais les hommes du Directoire, tout aussi conscients de ce danger, cherchent à l'en éloigner. Alors, lorsque Napoléon Bonaparte leur propose d'aller reconquérir la Méditerranée aux mains des Britanniques, ils acceptent avec soulagement. La campagne d'Égypte (1798-1799), bien que marquée par d'éclatantes victoires, ne parvient toutefois pas à réduire la puissance anglaise.

Lorsqu'il retourne en France, le Directoire est en pleine débandade. Les conditions pour un coup d'État sont réunies. Le 18 brumaire an VIII (9 novembre 1799), le gouvernement du pays est confié à trois consuls : Napoléon Bonaparte, Emmanuel Joseph Sieyès (homme politique français, 1748-1836) et Roger Ducos (homme politique français, 1747-1816).

## Le Consulat

En décembre, le consul Bonaparte publie la Constitution de l'an VIII, qui le désigne premier consul, concentrant le pouvoir entre ses mains. Premier consul pour dix ans, il détient le pouvoir exécutif, judiciaire et militaire. Les deux consuls nommés avec lui, Jean-Jacques Régis de Cambacérès (homme d'État et juriste français, 1753-1824) et Charles-François Lebrun (homme politique français, 1739-1824) n'ont quant à eux qu'un rôle consultatif.

Malgré l'importance de son nouveau titre, Napoléon Bonaparte ne renonce pas à son rôle de chef militaire. La France est alors en guerre contre les armées de la deuxième coalition, et après le franchissement du col du Grand-Saint-Bernard et la victoire de Marengo, il contraint une fois de plus l'Autriche à signer un traité de paix. Il parvient également à traiter avec l'Angleterre.

La popularité du premier consul est renforcée par ses actions de consolidation des acquis de la

Révolution ainsi que par la pacification et la réunification d'une France déchirée par les guerres de Vendée. Il signe un concordat avec le pape Pie VII (1742-1823), réinstaure la liberté de culte et réorganise l'administration en créant la fonction de préfet. Il développe aussi un réseau d'enseignement public de qualité et lance les grands travaux de rédaction du Code civil et du Code pénal. Il met également en place la Banque de France et une monnaie, le franc germinal. À la fois preuve d'une mainmise du pouvoir sur tous les organes d'administration du pays, son œuvre participe également à la refondation d'une nation unifiée par les principes fondamentaux de la Révolution.

Mais Napoléon Bonaparte doit continuellement faire face à des troubles à la fois intérieurs et extérieurs. Toujours en conflit avec la Grande-Bretagne, il subit également deux tentatives d'attentat, l'une en décembre 1800, l'autre menée en mars 1804 par Georges Cadoudal (chef chouan et conspirateur français, 1771-1804), auxquelles il répond violemment. En mars 1804, il fait assassiner le duc d'Enghien, prince de la maison de Bourbon, qu'il soupçonne d'avoir participé à la conspiration de Georges Cadoudal, lui-même guillotiné, déclenchant la colère des nations européennes. Peu de temps après, le Sénat le proclame empereur des Français (18 mai 1804) et il est sacré par le pape Pie VII à Notre-Dame de Paris le 2 décembre de la même année.

## L'Empire et les guerres napoléoniennes

L'Empire est marqué par une série de campagnes contre les pays d'Europe alliés en coalitions successives. D'abord auréolée de victoires majeures (Ulm, Austerlitz, Iéna, Friedland), entraînant la disparition du Saint Empire romain germanique, la création de la Confédération du Rhin en Allemagne, et celle de royaumes dirigés par les fidèles de Napoléon Ier en Italie et dans le Saint Empire, la France est toujours menacée par la puissance britannique. Malgré la mise en place du blocus continental en 1807, l'Angleterre ne renonce pas à vaincre l'empereur des Français. D'autant qu'aux triomphes du début de l'Empire succèdent peu à peu des échecs. La guerre civile en Espagne, le réveil du sentiment national en Allemagne et le mécontentement russe vis-à-vis du blocus occasionnent de nouveaux conflits.

La campagne de Russie est une épreuve sans précédent pour la Grande Armée. Malgré le mariage de Napoléon I<sup>er</sup> avec Marie-Louise (archiduchesse d'Autriche, impératrice des Français, 1791-1847), l'Empire autrichien rejoint la Prusse, la Russie et l'Allemagne dans une nouvelle coalition contre l'Empereur. La campagne se solde par l'entrée des alliés dans Paris au mois de mars 1814 et l'abdication de Napoléon I<sup>er</sup> le 6 avril. Il est alors nommé souverain de l'île d'Elbe, où il est exilé.

## La fin d'un règne

S'occupant un temps de l'administration de son nouveau royaume, Napoléon prépare activement son retour en France. Il débarque à Golfe-Juan un an à peine après son exil, le 1<sup>er</sup> mars 1815. Remontant vers Paris par la route des Alpes, il rallie toutes les troupes envoyées pour le combattre et atteint la capitale le 21 mars. Aussitôt, les républicains se montrent méfiants et les nations européennes s'empressent de reconstituer une nouvelle coalition. La guerre reprend et Napoléon I<sup>er</sup> est défait à Waterloo le 18 juin 1815, après cent jours de règne. Abdiquant une seconde fois, il est cette fois déporté par les

Anglais loin des côtes françaises, sur une petite île de l'océan Atlantique Sud, Sainte-Hélène. Il y meurt le 5 mai 1821.

# ALEXANDRE I^ER, TSAR DE RUSSIE

## L'accession au pouvoir

Alexandre Pavlovitch Romanov naît le 23 décembre 1777 à Saint-Pétersbourg. Il est le fils du futur tsar Paul I^er (1754-1801) et de Sophie-Dorothée de Wurtemberg (1759-1828). Lorsqu'il vient au monde, c'est sa grand-mère, l'impératrice Catherine II (1729-1796), qui dirige la Russie d'une main de fer. Ses relations avec son fils, Paul, sont exécrables. Ce dernier ne sait d'ailleurs pas s'il est le fils d'un des nombreux amants de sa mère ou celui, légitime, du tsar Pierre III (1728-1762), dont il soupçonne Catherine d'être l'instigatrice de son assassinat. Habituée à tout contrôler, elle enlève rapidement le jeune Alexandre à ses parents afin de le former à son dessein : le voir lui succéder en lieu et place de Paul.

Elle confie l'enfant à Frédéric-César de la Harpe (1754-1838), précepteur suisse féru de la pensée des Lumières, qui l'éduque selon les principes du despotisme éclairé. C'est aussi elle qui organise son mariage, alors qu'il n'a que 16 ans, avec Louise Augusta, princesse de Bade (1779-1826). Lorsque Catherine II meurt en 1796, elle n'a pas encore pris les dispositions quant à sa succession, et c'est Paul Ier qui accède au trône de l'Empire russe.

Désireux d'exercer ses compétences et ses idées, Alexandre participe à la conspiration de Pahlen (23 mars 1801) visant à destituer son père. Mais celle-ci tourne au drame et le tsar est assassiné. Alexandre succède donc à son père, mais il restera toujours marqué par la mort de celui-ci, qu'il n'a pas souhaitée et à laquelle il se reproche d'avoir indirectement contribué.

## Un tsar versatile

Imprégné par son éducation et son admiration pour le régime constitutionnel anglais, Alexandre Ier met en œuvre d'importantes réformes. Il supprime notamment la censure, la police secrète et la torture. Il permet aux serfs agricoles d'accéder à la liberté et à la propriété et améliore l'instruction. Mais bon nombre de ses idées novatrices restent souvent lettre morte à cause de l'opposition de la noblesse russe et du manque de pugnacité d'un tsar qui renonce facilement face aux obstacles.

Du point de vue politique, ses premières années de règne sont marquées par la versatilité. Alors qu'à son arrivée au pouvoir, la Russie est l'adversaire de l'Angleterre, il choisit de faire la paix avec elle. Puis il se rapproche de Napoléon Bonaparte avant de redevenir allié de la Grande-Bretagne dans la troisième coalition qui les oppose à l'empereur des Français. Défait à Austerlitz, Eylau (8 février 1807) et Friedland (14 juin 1807), il signe le traité de Tilsit (juillet 1807) et redevient l'allié de Napoléon Ier, combattant à ses côtés l'Angleterre et la Suède.

Mais à partir de 1809, face au peu de reconnaissance de la France, Alexandre Ier s'allie avec l'Empire ottoman et se prépare à affronter l'Empereur français. Celui-ci le devance et s'engage dans la terrible campagne de Russie. Fort de sa réussite, le tsar mène l'alliance contre la France tambour battant et est l'instigateur de la campagne de France, entrant dans Paris le 31 mars 1814.

## Une certaine vision de la politique

Après avoir redessiné le visage de l'Europe au Congrès de Vienne (septembre 1814-juin 1815) avec les représentants français, autrichiens, prussiens, anglais et italiens, démembrant et redistribuant les États, il lance l'idée de la Sainte-Alliance. Influencé par les idées mystiques et piétistes de M<sup>me</sup> de Krüdener (femme de lettres russe, 1764-1824) et de son conseiller Dmitri Galitzine (général et homme de lettres russe, 1771-1844), il a la volonté de préserver les peuples et les nations, désormais rétablis dans un ordre prétendument traditionnel, dans une paix empreinte des idéaux du christianisme. Rejointe d'abord par la Prusse et l'Autriche, puis la France de Louis XVII (1785-1795), elle est dissoute à la mort du tsar.

## Une fin de règne difficile

Alors qu'il essaie d'abolir le servage dans les pays baltes et d'établir un régime constitutionnel en Russie, les soulèvements qui agitent l'armée russe lui impose un revirement radical. Désabusé et aigri, Alexandre I<sup>er</sup> rétablit et renforce la censure, rejette les sociétés mystiques, rétablit l'Église orthodoxe comme pilier de son pouvoir autoritaire et réinstaure la déportation sans jugement des serfs en Sibérie.

Il meurt le 1<sup>er</sup> décembre 1825 dans des conditions restées assez troubles. Certains prétendent qu'il aurait simulé sa mort afin de poursuivre une vie d'ermite. Le mystère est renforcé par le fait qu'aucun corps n'a été trouvé dans sa tombe lors de son ouverture par Alexandre III (1845-1894), petit-neveu d'Alexandre Ier.

## MIKHAÏL KOUTOUZOV, MARÉCHAL RUSSE

Né à Saint-Pétersbourg le 16 septembre 1745, Mikhaïl Koutouzov est le fils d'un général de Pierre Ier le Grand (tsar et empereur de Russie, 1672-1725). Il entre dès son plus jeune âge à l'école militaire. À partir de 1759, il sert l'impératrice Catherine II lors des guerres contre la Pologne puis contre l'Empire ottoman.

Sa fidélité à la couronne de Russie lui vaut de nombreuses nominations : ambassadeur à Constantinople (1793), gouverneur de la Finlande et de l'Ukraine, gouverneur militaire de Saint-Pétersbourg. Mais à la mort de Paul Ier, Mikhaïl Koutouzov ayant refusé de participer au complot de Pahlen, Alexandre Ier le tient à l'écart des postes à responsabilité et fait peu cas de ce général dont il ignore les avertissements lors de la bataille d'Austerlitz. Pourtant, Mikhaïl Koutouzov soupçonne le piège de Napoléon Ier, consistant à faire croire à un repli pour attirer ses ennemis sur son terrain. Mais ses conseils avisés sont rejetés par un état-major persuadé de l'invincibilité de l'armée russe. L'issue de la bataille lui donne raison, et malgré la capacité du maréchal à effectuer un repli ordonné des troupes russes, le mépris d'Alexandre Ier à son égard se renforce.

Ce n'est que grâce à ses victoires contre l'Empire ottoman et à son rôle déterminant dans la signature de la paix de Bucarest (mai 1812) que qu'il entre enfin dans les faveurs du tsar. Ce dernier lui confie alors le commandement en chef des armées russes en août 1812, lorsque la Grande Armée napoléonienne marche sur la Russie. Battu à la bataille de la Moskova (7 septembre 1812), il réussit à faire battre en retraite son armée et lance des opérations de guérilla qui vont sonner le glas de la Grande Armée. Tout en se repliant, il n'a de cesse de gêner les communications françaises et de pratiquer une politique de la terre brûlée, ne laissant aucune ressource aux troupes impériales. C'est une Moscou rasée par les incendies commandités par le gouverneur de la ville qu'il laisse à Napoléon I<sup>er</sup>.

Celui-ci est contraint, en plein hiver, de battre en retraite vers l'ouest, afin de trouver logement et nourriture pour son armée. Mais Mikhaïl Koutouzov ne le laisse pas se retirer en paix : il le poursuit inlassablement, le harcelant au moyen de raids de petits groupes armés, qui affaiblissent et démoralisent les troupes françaises déjà épuisées. Vainqueur de Michel Ney et de Louis Nicolas Davout à Smolensk (17 novembre 1812), il reçoit le titre de prince de Smolensk.

Il meurt d'une septicémie le 28 avril 1813, au faîte de sa gloire, alors qu'il vient d'envahir la Pologne.

# FRANÇOIS II, EMPEREUR DU SAINT EMPIRE ROMAIN GERMANIQUE

Fils de Léopold II, grand-duc de Toscane puis empereur du Saint Empire romain germanique, il naît à Florence le 12 février 1768. Son oncle, l'empereur Joseph II (1741-1790) n'ayant pas d'héritier, c'est Léopold qui accède au trône de la maison d'Autriche et, à la mort de celui-ci en 1792, la couronne revient à François.

Neveu de Marie-Antoinette, le jeune roi est très tôt engagé dans la guerre contre la France révolutionnaire. Malgré ses qualités en tant que dirigeant et celles de son frère sur le plan militaire, toutes ses confrontations avec la République puis avec l'Empire français se soldent par des échecs. Contraint de signer la paix de Campoformio en 1797, puis le traité de Lunéville en 1801 et enfin celui de Presbourg en 1806, qui lui font perdre une bonne partie de ses territoires, il est obligé, à l'issue du dernier, de mettre un terme au Saint Empire. En effet, une grande partie des princes allemands a rejoint la nouvelle Confédération du Rhin créée par Napoléon Ier après sa victoire contre la troisième coalition à Austerlitz. Ayant également perdu une partie de l'Italie du Nord et encore auparavant les Pays-Bas, le Saint Empire en grande partie démantelé n'a plus de raison d'être. Le territoire restant devient l'empire d'Autriche, et François II devient François Ier.

Vaincu à nouveau lors des guerres de la quatrième coalition, il finit par conclure une alliance matrimoniale avec Napoléon Ier en lui accordant la main de sa fille Marie-Louise en 1810. Mais dès 1813, sur les conseils de Clément Wenceslas de Metternich (prince et di-plomate autrichien, 1773-1859), François II rejoint la sixième coalition formée contre l'empereur des Français, qui se solde enfin par une victoire des coalisés. Il participe au Congrès de Vienne et retrouve une grande partie des territoires perdus, mais renonce toutefois à restaurer le Saint Empire.

Marié quatre fois, seule sa seconde épouse, sa cousine Marie-Thérèse de Bourbon-Naples (1772-1807), lui assure une descendance. Lorsqu'il meurt le 2 mars 1835, c'est son fils Ferdinand Ier (1793-1875) qui lui succède.

# ANALYSE DE LA BATAILLE

## LES FORCES EN PRÉSENCE

Au début du mois de décembre, les armées des trois empereurs se font face. Du côté français, près de 70 000 hommes sont répartis principalement dans les Ier, IVe et V[e] corps d'armée :

- le Ier, dirigé par le maréchal Jean-Baptiste Bernadotte, compte environ 10 000 hommes ;
- le IVe, sous les ordres de Jean Soult, un peu moins de 20 000 ;
- le Ve, mené par Jean Lannes, près de 13 000.

Vient ensuite la garde impériale, dont l'infanterie, composée de plus de 5 000 soldats, est dirigée par le maréchal Jean-Baptiste Bessières (1768-1813) et la cavalerie, qui compte environ 5 500 hommes, par le maréchal Joachim Murat. Le 2 décembre, ils sont rejoints par les 10 000 hommes du général Louis Nicolas Davout arrivé de Vienne.

Sous le commandement du général Mikhaïl Koutouzov, les 95 000 soldats austro-russes sont répartis en trois corps principaux :

- celui du général Petr Ivanovitch Bagration compte un peu moins de 15 000 soldats ;
- l'avant-garde de Michael von Kienmayer (général autrichien, 1755-1828) regroupe :
  - trois colonnes de plus de 40 000 soldats menés par les généraux Ignace Jacob Przybyszewski (général russe, vers 1755-1810), Alexandre-Louis Andrault de Langeron (colonel français puis général russe, 1763-1831) et Dmitri Serguetievitch Dokhtourov (général russe, 1756-1816) ;
  - les 4 500 cavaliers du prince Jean Ier de Liechtenstein ;
  - le corps du général Jean-Charles Kollowrat (général autrichien, 1778-1861) qui compte 25 000 soldats ;
- la garde impériale russe menée par le grand-duc Constantin Pavlovitch (1779-1831), frère du tsar Alexandre Ier, qui regroupe 8 000 hommes.

Français comme alliés sont soutenus par une importante artillerie (environ 200 pièces pour les Français, un peu moins de 300 pour les Austro-Russes).

# TROMPER L'ENNEMI

Lorsque Napoléon Ier s'installe près de Brünn, il sait, tout comme ses adversaires, qu'il est en infériorité numérique, mais qu'une victoire sur les Austro-Russes est décisive pour la poursuite de ses visées européennes. En effet, l'hiver approchant, Napoléon Ier risque, s'il ne provoque pas le conflit, de devoir attendre le printemps, avec l'éventualité que les troupes coalisées se renforcent et prennent l'initiative de l'attaque, ce qu'il redoute.

Il met donc sur pied une stratégie visant à duper l'adversaire et à l'attirer sur le terrain sur lequel il souhaite combattre, terrain dont il a minutieusement étudié la topographie. Il commence par abandonner le plateau de Pratzen aux empereurs François II et Alexandre Ier, simulant un début de retraite vers Vienne et dégarnissant ainsi volontairement l'aile droite de son dispositif. Il feint ensuite d'entamer des négociations de paix et envoie son aide de camp Anne Savary (général français, 1774-1833) auprès d'Alexandre Ier avec des propositions que ce dernier refuse, avant d'envoyer lui-même Peter Dolgoroukov (prince russe, 1777-1806) traiter avec l'Empereur. Celui-ci rejette les conditions avancées par les Russes, mais réussit à conforter Peter Dolgoroukov et le tsar dans leur illusion d'une armée française affaiblie, peu préparée à la bataille et qui ne dispose que d'une partie de la Grande Armée. En effet, Napoléon Ier a demandé au IIIe corps du maréchal Louis Nicolas Davout de rester à Vienne et de ne rejoindre le champ de bataille qu'au dernier moment.

À l'aube du 2 décembre, dans un brouillard dense, l'essentiel des forces françaises est regroupé au nord et au centre du champ de bataille, laissant un flanc sud assez dégarni. Les troupes adverses occupent le plateau de Pratzen au centre, les hommes de Petr Ivanovitch Bagration le nord.

# L'ATTAQUE DE TELNITZ ET SOKOLNITZ

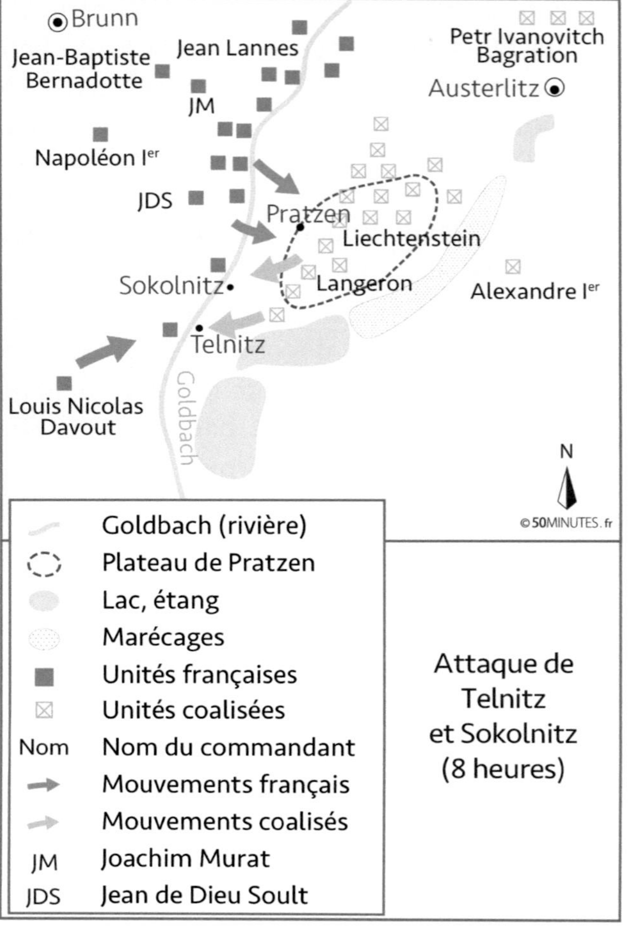

La faiblesse du flanc sud de l'armée française est savamment orchestrée : en effet, Napoléon Ier souhaite y attirer ses ennemis, afin d'affaiblir le dispositif du plateau de Pratzen dont la prise est, pour lui, la clé de la victoire. Les coalisés tombent dans le piège, malgré les avertissements de Mikhaïl Koutouzov, plus perspicace que le reste de l'état-major.

Persuadée que les troupes françaises se replient et n'ont pas l'intention d'attaquer le plateau, une partie des troupes qui défendaient Pratzen descend à l'aube en direction des villages de Telnitz et Sokolnitz. Leur marche est compliquée par la nuit, le brouillard et par une mauvaise organisation. En effet, si l'armée française est habituée à une répartition rigoureuse en lignes, en rangs et en colonnes, intervenant en vagues successives, ce n'est pas le cas des troupes austro-russes qui avancent dans le désordre et se heurtent même à la cavalerie du prince de Liechtenstein, perdue, créant une confu-sion qui bloque la progression de la colonne d'Alexandre-Louis Andrault de Langeron.

Malgré leur arrivée en rangs dispersés, les forces austro-russes, qui bombardent Telnitz, parviennent à en déloger les Français qui se retirent. Mais le IIIe corps du maréchal Louis Nicolas Davout, qui arrive de Vienne après une marche forcée de plus de 100 kilomètres en moins de 48 heures, permet la reprise de Telnitz, pour un temps seulement.

Dans le village de Sokolnitz, le scénario est à peu près identique : les Austro-Russes prennent la cité, puis la perdent au profit des Français du général Louis Friant (général français, 1758-1829), soutenus par les hommes du général Louis Nicolas Davout.

En début de matinée, les deux villages sont aux mains des alliés, et les troupes napoléoniennes se sont regroupées derrière le Goldbach (ruisseau au nord-ouest de Telnitz et de Sokolnitz), prêtes à couper la route à leurs adversaires. Car le cœur de la bataille s'est déplacé du sud vers le centre : Napoléon Ier a en effet mis à profit la diversion créée au sud pour lancer les deux colonnes du IVe corps du général Jean de Dieu Soult à l'attaque du plateau de Pratzen, dont la défense est désormais affaiblie.

## LE SAVIEZ-VOUS ?

Le climat dans lequel aurait pris place la bataille d'Austerlitz est passé à la postérité grâce au célèbre « soleil d'Austerlitz ». Souvent présentée comme une allégorie de Napoléon Ier lui-même, l'expression fait référence à un événement qui aurait eu lieu au matin du 2 décembre. Alors que l'armée austro-russe descend, dans la nuit et le brouillard, les flancs du plateau de Pratzen en direction des villages de Telnitz et Sokolnitz et que Napoléon Ier prépare son attaque du plateau, le soleil perce le brouillard, dévoilant aux troupes austro-russes médusées l'impressionnant dispositif français. L'Empereur et ses hommes auraient vu ce lever de soleil comme le signe de leur victoire à venir.

# LA PRISE DU PLATEAU DE PRATZEN

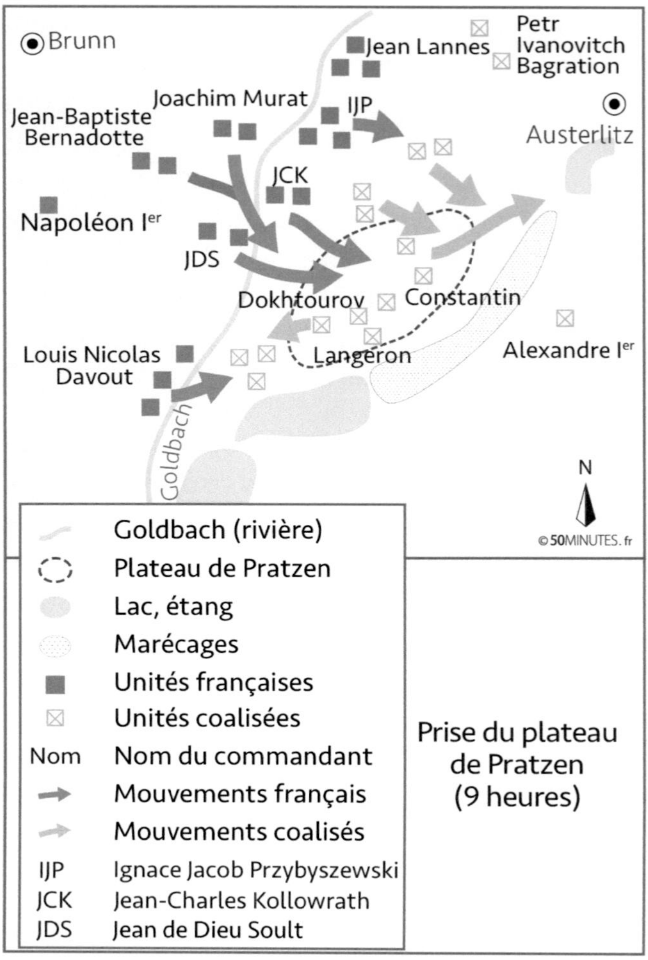

En début de matinée, vers 9 heures, l'infanterie du IVe corps, menée par les généraux Louis Charles Vincent Le Blond de Saint-Hilaire (1766-1809) et Dominique-Joseph René Vandamme (1770-1830), attaque à la baïonnette et au corps à corps les troupes des généraux Jean-Charles Kollowrat et Ignace Jacob Przybyszewski. Surprises par cette attaque d'envergure, elles se replient en pleine débandade. Le plateau est aux mains des Français et l'artillerie du IVe corps de Jean de Dieu Soult s'y installe pour le défendre.

Les colonnes austro-russes qui viennent du sud pour rejoindre le plateau, isolées du reste de l'armée, sont sous le feu des hommes de Louis Nicolas Davout repliés sur le Goldbach, puis sous celui de l'artillerie de Jean de Dieu Soult placée sur le plateau. Il leur est impossible de reculer, car le champ de bataille est fermé par les marécages. Le général Mikhaïl Koutouzov décide alors de prendre son adversaire en tenailles. Il encourage la progression d'une partie des troupes d'Alexandre Langeron et de Dmitri Dokhtourov vers le sud du plateau, envoie la cavalerie du prince de Liechtenstein et une partie de la garde impériale au Nord. Napoléon Ier envoie le Ier corps d'infanterie de Jean-Baptiste Bernadotte et la cavalerie de la garde impériale de Joachim Murat soutenir Jean de Dieu Soult. Acculé, Mikhaïl Koutouzov lance toutes les forces dont il dispose encore à l'assaut du plateau. Le choc entre les troupes d'élite des gardes impériales française et russe est décisif. L'issue de la bataille est évidente lorsque les hommes de Jean-Baptiste Bessières et de Joachim Murat l'emportent sur ceux du grand-duc Constantin Pavlovitch.

# LE DÉNOUEMENT

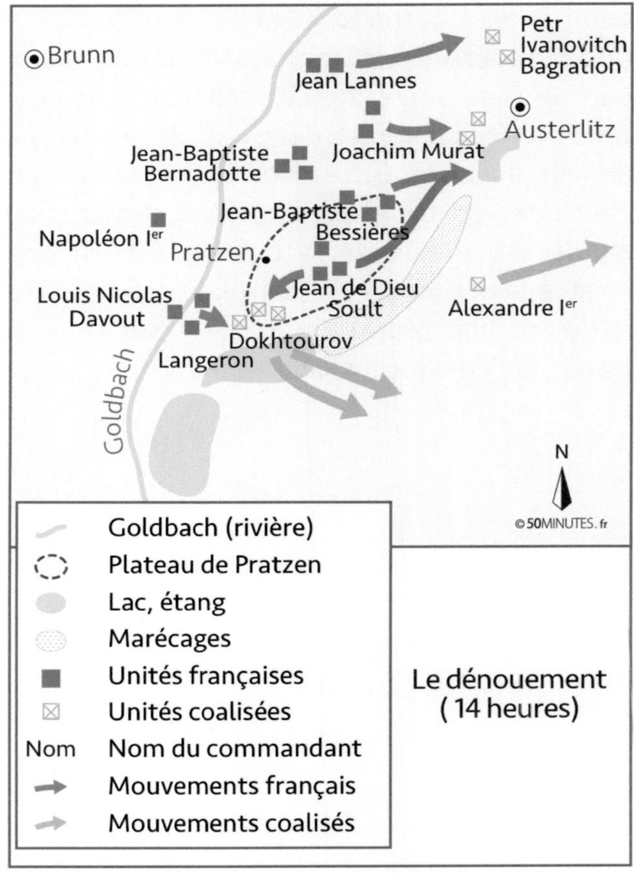

En début d'après-midi, sur le plateau, la garde impériale russe est mise en pièces, et Napoléon I^er ordonne à Jean de Dieu Soult et à Joachim Murat de partir à la poursuite des troupes austro-russes en pleine retraite. Les empereurs François II et Alexandre I^er fuient le théâtre de leur défaite vers Olmütz, suivis quelques heures plus tard par le corps d'armée du général russe Petr Ivanovitch Bagration. Aux prises avec l'infanterie de Jean Lannes soutenue par la cavalerie de Joachim Murat, il finit par se replier en bon ordre.

Au sud, les hommes d'Alexandre Langeron et de Dmitri Dokhtourov, poursuivis par Jean de Dieu Soult, battent en retraite dans une cohue indescriptible, engendrée par la panique et la rencontre avec leurs compatriotes fuyant Pratzen, et traversent le lac gelé de Satschan dans lequel ils perdent une partie de leur artillerie et quelques hommes.

Au soir du 2 décembre, l'armée de la coalition est décimée, éparpillée, et la victoire de Napoléon I^er est destinée à entrer dans les annales des écoles militaires.

## LE SAVIEZ-VOUS ?

La colonne Vendôme, érigée sur la place du même nom à Paris, célèbre la victoire d'Austerlitz. Inspirée de la colonne Trajane de Rome, elle mesure près de 45 mètres de haut. Si le projet est lancé dès le Consulat, il n'est réalisé que sous l'impulsion de Dominique Vivant Denon (directeur général du musée du Louvre, 1747-1825) en 1803. Le fût en pierre de la colonne est couvert d'une chape de bronze coulée avec les canons pris aux troupes austro-russes à Austerlitz, et en particulier ceux récupérés dans l'étang gelé de Satschan que Napoléon Ier avait fait vider. Appelée d'abord « colonne d'Austerlitz », puis « colonne de la Victoire », et enfin « colonne de la Grande Armée », elle finit par prendre le nom de la place sur laquelle elle est érigée. Déboulonnée en 1871 lors de la Commune de Paris à la demande de Gustave Courbet (peintre français, 1819-1877) qui souhaite la déplacer à l'hôtel des Invalides, elle est remise en place en 1873, aux frais du peintre, par le président de la République Patrice de Mac-Mahon (1808-1893).

# RÉPERCUSSIONS DE LA BATAILLE

## UN LOURD BILAN

Quoique le nombre de morts et de blessés soit malaisé à établir, la bataille d'Austerlitz, si elle est une victoire stratégique, est malgré tout un désastre humain. La Grande Armée perd environ 15 % de ses effectifs (tués, blessés ou prisonniers). Au nombre de morts sur le champ de bataille (environ 1 500) doit être ajoutée ceux qui, parmi les blessés (environ 7 000), mourront des suites de leurs blessures dans les jours et les semaines suivant la bataille.

Le bilan est plus lourd encore pour les Autrichiens et les Russes, qui ont perdu environ 30 % de leurs effectifs, dont la moitié de morts.

# UNE STRATÉGIE ENTRÉE DANS LA POSTÉRITÉ

Depuis la Révolution, l'armée et le génie militaire ne cessent de progresser et ce sont des innovations tactiques et techniques qui permettent à Napoléon Ier de remporter la plupart de ses victoires. Celles-ci servent à leur tour l'art militaire, inspirant aussi bien les armées américaines lors de la guerre de Sécession (1861-1865), que les enseignements des écoles militaires actuelles. En effet, la disposition des corps d'armée a joué un rôle important à Austerlitz. Les troupes austro-russes ont été pénalisées par leur manque d'organisation, face à une armée française savamment ordonnée. L'artillerie, de plus en plus souvent organisée en réserve, n'est plus seulement un soutien de l'infanterie ou de la cavalerie. Au lieu d'être éparpillée sur le champ de bataille, sa concentration permet de nourrir un feu constant à un endroit précis, comme sur le Goldbach ou la colline de Pratzen.

La cavalerie et l'infanterie sont quant à elles disposées en colonnes, et non plus systématiquement en lignes, et, quand c'est le cas, elles sont mobiles et indépendantes les unes des autres, ce qui permet leur déploiement ou leur concentration en des points stratégiques. Pour terminer, la cavalerie lourde est lancée en masse, formant un corps d'assaut terrifiant pour l'ennemi.

Autre innovation, l'organisation en divisions (regroupant infanterie, cavalerie, artillerie et logistique propre) permet de créer des corps d'armée indépendants, pouvant livrer bataille seuls avant de recevoir le renfort du reste de l'armée. En outre, il n'est plus question, sous la Révolution comme sous l'Empire, de laisser l'ennemi se replier. Les troupes en retraite sont poursuivies, dans une logique de destruction totale de la force adverse, comme ce fut le cas à Austerlitz.

Enfin, l'un des traits stratégiques propres à Napoléon Ier est d'être maître du jeu : il organise ses troupes de façon à forcer l'ennemi à suivre son propre dessein. Capable de déployer son armée sur plusieurs centaines de kilomètres afin d'encercler l'adversaire, puis de la faire se regrouper en quelques heures pour attaquer de front, sa faculté d'anticiper, de manœuvrer rapidement, mais aussi d'improviser est souvent la clé de ses succès militaires.

# UN TRAITÉ DÉCISIF

Après la lourde défaite subie à Austerlitz, le sort des deux vaincus diverge. Tandis que les Russes rentrent chez eux, sans négociation de paix et en mesure de reconstituer leurs forces, les Autrichiens, incapables de se relever des pertes subies, sont contraints de signer, le 26 décembre 1805, le traité de Presbourg avec Napoléon Ier, qui est maître de leur capitale. Ce traité est d'une importance cruciale, car il redessine complètement la carte de l'Europe et assied la domination de l'Empire français, sur le Nord de l'Italie d'abord. En effet, déjà alliée de Rome, la France reçoit de l'Autriche la Dalmatie ainsi que la Vénétie, et le traité confère à Napoléon Ier le titre de roi d'Italie.

En Allemagne, l'Autriche se défait de nombreux territoires et villes au profit de la Bavière, du Wurtemberg et du Bade, tous trois alliés de l'Empereur français. Celui-ci, en récompense de leur fidélité et de leur résistance face aux attaques de Karl Mack durant l'été 1805, érige ces électorats en royaumes (ou en grand-duché pour le Bade), et Joachim Murat prend le titre de grand-duc de Berg.

La première conséquence de ces cessions est la création de la Confédération du Rhin le 12 juillet 1806. Fondée à partir des États confédérés du Rhin – regroupant en particulier la Bavière, le Wurtemberg et le grand-duché de Berg –, elle est rejointe par 13 autres princes allemands quittant le Saint Empire romain germanique dont ils dépendaient. Elle est placée sous le protectorat personnel de Napoléon I$^{er}$ qui assure sa politique extérieure et le contrôle des armées.

Suite à la défection des princes allemands, le Saint Empire romain germanique, amputé de sa partie allemande en plus de ses territoires italiens, perd toute signification. Le 1$^{er}$ août 1806, la diète d'Empire est dissoute et le 6 août, François II renonce à son titre et devient François I$^{er}$, empereur d'Autriche.

En plus de ces dispositions territoriales, l'Autriche est contrainte à verser 40 millions de francs de dédommagement.

# UNE PAIX PRÉCAIRE

Napoléon Ier étend également son influence en Hollande. Par le traité de Paris signé le 24 mai 1806, il remplace la République batave (ancienne république des Provinces-Unies), créée en 1795 par le traité de La Haye, par un royaume, à la tête duquel il place son frère Louis Bonaparte (1778-1846).

La Prusse, d'abord tentée par une entrée dans la troisième coalition, effectue un brusque revirement face à la victoire de Napoléon Ier à Austerlitz et accepte de s'allier avec l'Empereur.

La France étend donc son influence sur la majeure partie de l'Europe, alliée ou maîtresse des pays de la Méditerranée au Danube.

Mais la Grande-Bretagne, son ennemi de toujours, n'a pas dit son dernier mot. En effet, malgré sa réussite, la campagne d'Autriche a définitivement compromis l'invasion de l'Angleterre par les forces françaises et, le 21 octobre 1805, alors que Napoléon Ier remporte la victoire à Ulm et prend la route de Vienne, la flotte de l'amiral Pierre Charles de Villeneuve est écrasée à Trafalgar par la flotte anglaise de l'amiral Horatio Nelson (1758-1805).

La paix instaurée en Europe ne dure guère : dès le mois d'octobre 1806, la Grande-Bretagne, la Prusse (inquiétée par la création de la Confédération du Rhin à ses portes), la Suède et la Russie s'allient en une quatrième coalition, qui va offrir à Napoléon I$^{er}$ de nouvelles occasions de s'illustrer lors de batailles célèbres.

# EN RÉSUMÉ

**1805**

*Mi-août* : Début de la guerre de la troisième coalition

*15-20 oct.* : Siège de Ulm

*21 oct.* : Bataille de Trafalgar

*14 nov.* : Prise de Vienne

***2 déc. : Bataille d'Austerlitz***

*26 déc.* : Traité de Presbourg ; fin de la guerre de la troisième coalition

**1806**

*12 juill.* : Création de la Confédération du Rhin

*6 août* :  Fin du Saint-Empire romain germanique

*1 oct.* : Début de la guerre de la quatrième coalition

- Après avoir formé deux coalitions contre la France dont les idéaux révolutionnaires puis impériaux effraient les cours européennes, la Grande-Bretagne, la Russie et l'Autriche s'allient au printemps 1805.

- Désireux d'envahir l'Angleterre, Napoléon Ier met en place à Boulogne-sur-Mer une nouvelle armée, surnommée la Grande Armée, qui regroupe près de 250 000 hommes.

- L'armée autrichienne du général Karl Mack pénètre en Bavière, alliée de la France, en août 1805. Face à cette menace, et voyant ses plans d'invasion compromis par l'immobilisation de la flotte française à Cadix, Napoléon Ier décide de lancer ses troupes vers l'Europe de l'Est.

- Après avoir mis en déroute l'armée de Karl Mack à Ulm et pénétré dans Vienne, Napoléon Ier prépare son attaque contre les armées des empereurs François II et Alexandre Ier qui ont effectué leur jonction à Olmütz, près du village d'Austerlitz.

- Après avoir fait croire à des préparatifs de reddition, le 2 décembre 1805 avant l'aube, jour anniversaire du sacre de l'empereur des Français, les premiers combats s'engagent pour la prise des villages de Telnitz et Sokolnitz.

- Dans la matinée du 2 décembre, Français et Austro-Russes se battent pour la possession du plateau de Pratzen. Surprises par la puissance des Français, les troupes de Mikhaïl Koutouzov doivent abandonner le plateau et se replier.

- Au milieu de l'après-midi du 2 décembre, les troupes coalisées, poursuivies par les soldats français, sont en déroute. La Grande Armée a remporté la victoire.
- La bataille d'Austerlitz est suivie d'importants remaniements territoriaux, qui entraînent la disparition du Saint Empire romain germanique et la création de l'empire d'Autriche, de la Confédération du Rhin et le placement à la tête de nouveaux royaumes de proches de l'Empereur.

*Votre avis nous intéresse !*
*Laissez un commentaire sur le site de votre*
*librairie en ligne et partagez vos coups de cœur sur*
*les réseaux sociaux !*

# POUR ALLER PLUS LOIN

## SOURCES BIBLIOGRAPHIQUES


- BIARD (Michel), BOURDIN (Philippe) et MARZAGALLI (Silvia), *1789-1815. Révolution, Empire, Consulat. Histoire de France*, Paris, Belin, 2009.

- BOUDON (Jacques-Olivier), *La France et l'Europe de Napoléon*, Paris, Armand Colin, 2006.

- GARNIER (Jacques), *La bataille d'Austerlitz*, Paris, Fayard, 2005.

- MIQUEL (Pierre), *Austerlitz, la bataille des trois empereurs*, Paris, Albin Michel, 2005.

- Musée de l'armée, *Austerlitz, Napoléon au cœur de l'Europe*, Paris, Economica, 2007.

- TULARD (Jean), *Napoléon au jour le jour, 1769-1821*, Paris, Tallandier, 2002.


## SOURCES COMPLÉMENTAIRES


- *Austerlitz (1805-2005). La bataille des trois empereurs*, consulté le 11 mai 2014. http://www.vialupo.com/austerlitz/index.html

- BONAPARTE (Napoléon), *Correspondance générale*, Paris, Fayard, 2008.

- BRUN (Jean-François), « Les unités étrangères dans les armées napoléoniennes : un élément de la stratégie globale du Grand Empire », in *Revue historique des armées*, 255 | 2009.

- *Bulletin de la Grande Armée*, n°30, 12 frimaire an XIV (2 décembre 1805), Paris, Bibliothèque nationale de France.

- GIRARD (Patrick), *Austerlitz. La bataille des Trois-Empereurs racontée par un soldat autrichien*, Paris, J.-C. Gawsewitch, 2005.

- *La bataille d'Austerlitz*, émission radiophonique en quatre épisodes, présentée par Élodie Courtejoie, avec Jean Tulard, consultée le 10 mai 2014. http://www.canalacademie.com/ida445-La-bataille-d-Austerlitz-1-4.html?var_recherche=Austerlitz

- *Musée de l'Armée*, consulté le 8 mai 2014. http://www.musee-armee.fr/collections.html

## FILMS ET TÉLÉFILMS

- *Austerlitz*, film d'Abel Gance, avec Pierre Mondy, Jean Marais et Martine Carol, France, 1960.

- *Napoléon*, minisérie réalisée par Yves Simoneau, avec Christian Clavier, Isabella Rossellini et Gérard Depardieu, France, 2002.

# LITTÉRATURE

- Tolstoï (Léon), *La Guerre et la Paix*, 1865-1869.
- Gallo (Max), *Napoléon. Le Soleil d'Austerlitz*, 1999.

# TABLEAUX

- *Napoléon Ier donnant l'ordre de la bataille d'Austerlitz*, tableau d'Antoine Charles Horace Vernet (peintre, dessinateur, lithographe français, 1758-1836), 1808, conservé au château de Versailles (France).

- *Bivouac de Napoléon*, peinture de Louis-François Lejeune (peintre et général français, 1775-1848), 1808, conservée au château de Versailles (France).

- *La Bataille d'Austerlitz*, tableau de François Gérard (peintre français, 1770-1837), 1810, conservé au château de Versailles (France).

- *Austerlitz avant la charge*, tableau de Jean Louis Ernest Meissonier (peintre et sculpteur français, 1815-1891), 1878, conservé au musée d'Orsay (France).

# BÂTIMENTS COMMÉMORATIFS

- L'hôtel national des Invalides, Paris (France).

- La colonne Vendôme, Paris (France).

- L'Arc de triomphe, Paris (France).

- Le monument de la paix, situé sur la colline de Prace (ancien plateau de Pratzen) (République tchèque).

www.50minutes.fr

ISBN ebook : 978-2-8062-5404-7
ISBN papier : 978-2-8062-5585-3
Dépôt légal : D/2014/12603/38
Photo de couverture : *La bataille d'Austerlitz, le 2 décembre 1805*, François Gérard © Wikimedia Commons. Domaine public

Conception numérique : Primento, le partenaire numérique des éditeurs